RÉFORME

DU

JOURNALISME

PAR

M. LE CHARTIER DE SÉDOUY.

PARIS

E. DENTU, LIBRAIRE-ÉDITEUR

Palais-Royal, galerie d'Orléans, 13

1863

Tous droits réservés.

SAINT-LO, IMP. DE JEAN DELAMARE.

RÉFORME

DU

JOURNALISME

I

S'il est vrai que le but du journalisme est d'élucider par
la discussion les questions qui intéressent la Société,
d'éclairer les intelligences, de rapprocher et d'unir les
cœurs, il faut avouer qu'il remplit mal sa mission ; car
depuis que cette puissance nouvelle a entrepris de diriger
l'opinion publique, les esprits se sont divisés à tel point
qu'il n'y a plus de principes communs et que le beau nom
de sens commun est devenu un vain mot. Et cet état moral
de notre époque est d'autant plus déplorable que nous avons
vu plus d'une fois la discorde passer des idées dans les faits,
et entraîner la Société jusqu'au bord de l'abîme. Une grande
réforme du journalisme est donc nécessaire et urgente.

Mais comment réformer le journalisme qui semble être
de sa nature la chose du monde la plus indisciplinable. C'est

ce que nous devons rechercher. Et nous ne pouvons croire que la Providence ait organisé l'humanité de telle sorte que ce qui lui est nécessaire soit en même temps impossible.

Posons les principes d'abord : les conséquences en découleront d'elles-mêmes.

Qu'est-ce que les journaux ? ce sont les avocats des différentes opinions. Et quel est le juge ? c'est le public.

Or, tout juge qui se respecte doit écouter attentivement les avocats des parties adverses, afin de pouvoir prononcer un jugement impartial, éclairé et juste. Un juge qui n'écouterait qu'un avocat et refuserait d'entendre les autres serait un homme partial, injuste, indigne de ses nobles fonctions.

Tel est donc le devoir du public, c'est-à-dire de tous les individus qui le composent, de ceux qui participent par leurs votes au gouvernement de leur pays, de ceux-là surtout qui exercent une certaine influence sur les autres et qui contribuent à former l'opinion publique. Ils doivent écouter les raisons de tous les partis.

La première conséquence qui sort de ce principe, c'est que tous les journaux devraient être mis à la portée de tout homme qui lit un journal ; et c'est là le fond de la réforme que nous réclamons.

Si le devoir du public est le même que celui des juges, le devoir des journaux est le même que celui des avocats. Il faut être indulgent pour la nature humaine et reconnaître que l'impartialité est bien difficile à l'homme lancé par la passion dans le journalisme et surexcité par une lutte quotidienne. Et si les journaux au lieu d'élucider les questions, ne font souvent que les embrouiller, on peut voir la cause de ce défaut dans la vivacité de la polémique et dans la nécessité d'improviser chaque jour. C'est à leurs adversaires et à leur juge de rétablir l'ordre et la clarté dans la discussion. Tout ce que nous pouvons exiger d'eux, c'est qu'ils observent la modération et les convenances, c'est qu'ils respectent leurs adversaires et ne les attaquent pas avec des armes déloyales, telles que les qualifications odieuses ou ridicules, les imputations calomnieuses, les insinuations perfides. Quant à la sincérité et à la bonne foi, ils ne relèvent que de Dieu et de leur conscience, et loin de nous plaindre de la divergence des opinions, nous devons souhaiter que toutes les opinions soient représentées, car c'est de la discussion que jaillit la lumière.

On voit donc que nous ne sommes point ennemi des journaux. Nous les acceptons tels qu'ils sont et nous n'avons nullement la prétention de les réformer. Nous n'attribuons à aucuns journaux en particulier la discorde qui règne dans la Société actuelle, mais à l'ensemble du journalisme, à sa constitution désordonnée qui ne permet pas au public de juger. Nous comparons le journalisme à ces machines dont tous les rouages peuvent être bons en eux-mêmes, mais fonctionnent mal parce qu'ils sont mal assemblés. Nous l'excuserons en considérant qu'il est une institution toute nouvelle, encore dans la fougue et l'inexpérience de la première jeunesse et qu'il n'a pas eu le temps de se rasseoir et de s'organiser.

Mais il n'est pas juste que nous souffrions plus longtemps

d'un pareil désordre et nous avons une assez bonne opinion de notre Société pour croire qu'elle se sent le besoin et la force de réclamer et d'obtenir une réforme si nécessaire. La postérité s'étonnera, soyez-en sûrs, que pendant plus d'un demi-siècle nous ayons laissé le journalisme dans un tel état d'enfance et de barbarie, qu'il met les citoyens d'une même patrie dans l'impossibilité de s'entendre et de s'accorder.

Nous allons donc d'abord examiner les inconvénients du journalisme actuel. Nous chercherons ensuite les moyens d'y remédier.

II

Considérons la constitution actuelle du journalisme, afin de bien comprendre par où elle pèche et ce qu'il faut corriger. Aujourd'hui, sauf quelques villes qui possèdent des cabinets de lecture où quelques hommes de loisir peuvent lire les différents journaux, sur toute l'étendue du territoire, dans les villes, bourgs et campagnes, dans les hôtels, les cafés, les maisons particulières, chacun reçoit un journal et ne peut en recevoir qu'un. Proposer à chacun d'en recevoir plusieurs, ce serait se heurter contre une impossibilité matérielle. Chacun choisit donc le journal qui répond à ses opinions, qui lui donne le plaisir de les voir formulées, justifiées, ennoblies à ses yeux. On croit s'être donné seulement un interprète de ses propres pensées et l'on ne s'aperçoit pas que l'on s'est au contraire soumis à un maître absolu, qui à force de nous répéter les mêmes doctrines chaque jour sur tous les tons, nous façonne tellement à son image que nous ne voyons que par ses yeux. Nous devenons totalement étrangers aux autres opinions et non seulement étrangers, mais hostiles, car notre journal nous les dépeint sous les plus sombres couleurs et nous irrite profondément contre elles. Et tandis qu'à Paris les journalistes, après s'être combattus à outrance le matin, vont le soir dîner cordialement ensemble, et ne se doutent pas qu'ils viennent d'expédier à grande vitesse la mésintelligence dans tous les départements, leurs abonnés, d'un bout à l'autre de la France, prennent les choses plus au sérieux, et loin d'imiter une si louable facilité de mœurs, beaucoup considèrent les abonnés des autres journaux comme des ennemis de la Société, et si par hasard ils se rencontrent, ils évitent les questions qui préoccupent tout le monde, dans la crainte de s'irriter réciproquement. Comment veut-on que les esprits se rapprochent et se concilient ?

Ainsi avec l'organisation actuelle du journalisme, le tribunal de l'opinion publique est transformé en une arène où quelquefois on se bat, où souvent on se dispute, où jamais on ne s'entend et où l'on ne peut rien faire de mieux que de s'observer en silence pour éviter ou du moins pour retarder l'explosion des dissentiments ; étrange tribunal où tous les avocats parlant à la fois, chaque juge écoute celui qui lui plaît et ne daigne pas entendre les autres. Comment pourrait-il sortir de là des jugements raisonnables.

Il est évident qu'un pareil abus est intolérable, et sans préjuger ici aucun moyen pratique d'y remédier, la première idée qui se présente à l'esprit, c'est d'obliger les journaux à reproduire les réponses et objections de leurs adversaires sauf à les réfuter. Nous savons bien qu'il pourra se rencontrer des journaux auxquels une réforme en ce sens pourrait ne point faire plaisir. Nous n'empêchons pas, diront-ils, nos adversaires de défendre leurs opinions dans leurs journaux. S'ils ne trouvent pas de lecteurs, ce n'est pas notre faute. Nous voulons êtres libres d'écrire comme nous l'entendons et de ne pas imprimer ce qui nous déplaît.

Or, si ce raisonnement est spécieux au premier abord, il n'est pas juste pour quiconque ne se paie pas d'apparences et veut aller au fond des choses. Il peut arriver que certains journaux obtiennent, en flattant les passions du moment, toute la vogue et la popularité au point de rendre leurs adversaires antipathiques au grand nombre. Une opinion très juste, très utile peut donc passer pour une vieillerie usée ou une utopie menaçante et n'avoir aucun moyen de se réhabiliter dans les esprits. Dira-t-on que cette opinion est libre ? Ce serait une ironie. C'est ainsi que dans les moments de trouble et de révolution la voix d'un homme de bien est souvent étouffée par quelqu'orateur dont les poumons sont plus vigoureux et le caractère plus violent, ou dont le discours plus adroit séduit et entraîne ses auditeurs et le laisse prêcher dans le désert. Et c'est bien ainsi que les choses se passent dans le journalisme. Nous voyons certains journaux décrier les hommes, les associations, les gouvernements les plus respectables et quoiqu'on les ait cent fois victorieasement réfutés, leurs lecteurs habituels ne se doutent pas qu'aucune réfutation soit faite ou même soit possible. Nous les voyons pratiquer cette fameuse conspiration du silence qui fait passer inaperçus des chefs-d'œuvre de bon sens capables de régénérer l'opinion publique et au milieu de la plus immense publicité que les siècles aient jamais vue et de la reproduction incessante des plus grands penseurs qui aient éclairé l'humanité, trouver le moyen d'absorber l'attention de leur clientèle sur les œuvres de leurs amis et de lui faire adopter leurs doctrines sans aucun examen. Sans doute il faut que les journaux soient libres ; mais s'ils ont la liberté de tout dire, il est bien juste que le public ait la liberté de tout entendre, il faut qu'il connaisse le pour et le contre dans toutes les questions qui intéressent son avenir, et qu'il ne soit pas exposé, pour avoir accordé une confiance trop exclusive à certains journaux, à se laisser entraîner par eux dans des erreurs et des passions funestes.

La justice et la liberté exigent donc que les journaux reproduisent la défense de leurs adversaires et nous ajouterons qu'ils ne pourraient honorablement refuser cette épreuve : car ils doivent la considérer comme le meilleur moyen de faire connaître et apprécier leurs opinions. La refuser, ce serait avouer qu'ils n'ont pas beaucoup de foi dans leurs propres principes.

III

Cherchons maintenant le moyen pratique d'opérer cette réforme. Plusieurs tentatives ont déjà été faites pour mettre toutes les opinions sous les yeux de chaque lecteur. On a fondé des journaux destinés à reproduire les principaux articles de tous les journaux comme dans un cadre synoptique ; mais ils n'ont pas eu de succès et en effet ils ne pouvaient réussir, parce qu'ils étaient dirigés par des hommes de parti qui pouvaient être fort impartiaux, mais qui étaient nécessairement soupçonnés de ne l'être pas, et de reproduire seulement les articles ou même les fractions d'articles utiles à leur but, soit en montrant le beau côté de leur propre opinion, soit en découvrant le mauvais côté de leurs adversaires. D'ailleurs ils avaient à lutter contre les habitudes des abonnés généralement attachés à leur journal. Et quand bien même ils seraient parvenus à se substituer chez le plus grand nombre des lecteurs à tous les autres journaux, que fût-il arrivé ? En ruinant les autres, ils se seraient privés eux-mêmes de leur aliment quotidien, ils n'auraient plus rien eu à reproduire, ils seraient tombés et alors les autres journaux se seraient relevés et auraient repris les mêmes errements qu'ils suivent aujourd'hui. Ce projet était donc illusoire et ne remplissait pas le but que l'on se proposait.

Un moyen plus efficace, ce serait d'accorder aux opinions le droit de faire insérer leur défense dans les journaux qui les attaquent. La loi elle-même est déjà entrée dans cette voie, puisqu'elle permet à tout individu attaqué dans son honneur d'obliger son aggresseur à reproduire sa réponse ; mais ce droit est resserré par des formalités gênantes et des bornes bien étroites. Avec la lenteur des procédures, il est bien difficile de se défendre contre un adversaire qui peut vous attaquer chaque jour, vous porter dix coups contre un et se retrancher dans les artifices du langage. Et nous ne voyons pas de place dans ce droit d'insertion ni pour l'honneur des opinions, ni pour les intérêts sacrés de la vérité. Il faut du moins reconnaître que la loi a fait un grand pas dans la voie de la justice et qu'elle nous indique elle-même un moyen auquel il ne s'agit plus que de donner toute l'extension nécessaire.

Le Gouvernement de la restauration était allé plus loin. Il avait voulu obliger tous les journaux de laisser chaque jour une colonne en blanc afin de pouvoir y consigner ses observations. Ce fut un tel concert de résistance et de sarcasmes qu'il n'osa pas user de son droit ; car on n'admettait pas en ce temps-là que le Gouvernement pût répondre à ses ennemis autrement que dans le *Moniteur* que personne ne lisait et les journaux pouvaient à loisir critiquer ses actes et ses intentions avec la certitude que l'immense majorité des lecteurs ne pourrait lire aucune réfutation, ni se douter même que l'on pût en faire aucune. Mais le Gouvernement actuel a repris ce droit incontestable avec plus de fermeté et dès que les journaux se permettent la moindre aggression, il leur envoie un *communiqué* qu'ils impriment sans aucune résistance.

Pourquoi n'accorderait-on pas à tous les journaux, aux représentants de toutes les opinions, ce droit que le Gouvernement prend à juste titre? Il est vrai que dans la pratique, cette obligation d'attendre chaque jour les réclamations de tous leurs adversaires sans pouvoir même en prévoir le nombre et l'étendue serait pour les journaux une servitude insupportable et nous, qui ne demandons que la liberté, nous voulons un moyen qui, sans nuire à la liberté d'aucun journal, accroîtrait la publicité, la liberté de tous.

Or, ce moyen est aussi simple que facile. Il suffirait que les journaux se réunissent pour fonder un compte-rendu de leur polémique. Ils enverraient tous les matins leurs articles qui seraient imprimés à frais communs et proportionnels pour chacun au nombre de ses abonnés. On imprimerait facilement les principaux articles de tous les grands journaux de Paris sur une demi-feuille que chaque journal joindrait à son envoi. Je ne crois pas que les journaux puissent invoquer aucune bonne raison pour refuser cette satisfaction au public.

Il est vrai que ces comptes-rendus exigeraient quelques frais de plus et que nous devons respecter aussi les intérêts matériels. Mais ce surcroît de dépense serait amplement compensé par le surcroît d'importance qui en résulterait pour le journalisme et qui lui attirerait un plus grand nombre de lecteurs et d'abonnements. D'ailleurs le Gouvernement, qui a grand intérêt à pacifier les esprits, pourrait favoriser cette entreprise en diminuant les impôts qui frappent sur le journalisme.

On nous objectera sans doute que le public n'aurait pas la patience et le courage de lire cet énorme supplément et peut-être en effet dans les commencements ne le lirait-il pas tout entier. L'impossibilité d'entendre plusieurs avocats, l'habitude de n'en entendre qu'un, ont accoutumé nos consciences à se contenter d'un seul plaidoyer. Mais peu-à-peu on se ferait un devoir et un plaisir de les écouter tous par respect pour soi-même, par amour pour son pays et pour la vérité. Une pareille publication ferait plus en quelques mois pour le progrès des lumières et de la bonne harmonie, pour l'union des intelligences et des cœurs que ne saurait faire pendant un siècle le journalisme tel qu'il est aujourd'hui constitué.

Un fait irrécusable, éclatant, prouve que l'on contracterait bientôt l'habitude de comparer ainsi toutes les opinions, c'est la curiosité et l'attention avec lesquelles on lit depuis quelques années tous les discours du Sénat et du Corps Législatif. Grâce à ces comptes-rendus si noblement fidèles, combien de vérités éclatent, combien de préjugés et d'erreurs se dissipent. Seuls ils répandent aujourd'hui sur les esprits de vives lumières et l'on peut affirmer que sans eux les grandes questions qui agitent la France et le Monde seraient étrangement obscurcies et faussées.

Les journaux devraient profiter de cet exemple et comprendre qu'une discussion réglée serait plus favorable, non seulement au triomphe de la vérité, mais aussi à leur propre intérêt, car elle réveillerait plus vivement l'attention publique, elle exciterait leur verve et rehausserait la renommée de leurs talents.

Mais le Gouvernement consentira-t-il à favoriser ces comptes-rendus du journalisme comme il favorise ceux des chambres ? Ne craindra-t-il point que les journaux ne prennent trop de libertés et trop d'influence sur l'opinion publique et qu'ils n'affaiblissent ainsi sa prépondérance et son pouvoir ? Nous répondrons que l'opinion publique sera toujours, quoi qu'on fasse, la reine du monde, que toujours les Gouvernements seront obligés de la ménager et de la consulter et qu'il vaut mieux pour eux avoir affaire à une opinion pondérée, dont les erreurs et les passions se feraient équilibre et se neutraliseraient mutuellement, qu'à une opinion déréglée et fantasque qui se jette souvent à l'improviste dans les extrêmes. Sans doute le journalisme ayant plus d'ensemble aura plus de force ; mais nous n'admettons pas cette maxime machiavélique qu'il faut diviser pour régner et nous croyons que plus les intelligences sont éclairées, plus l'opinion est sage, amie de l'ordre et de l'autorité.

Le seul danger serait pour les journaux eux-mêmes dans la surexcitation et les emportements d'écrivains placés chaque jour face à face et s'attaquant directement ; car on ne peut se dissimuler qu'ils n'éluderaient pas aussi facilement les questions irritantes qu'ils les éludent aujourd'hui. Mais il serait aisé d'obvier à ce grave inconvénient en instituant une chambre disciplinaire, un tribunal d'honneur choisi parmi eux et par eux et chargé d'apaiser et de prévenir les différends, de maintenir dans le journalisme la modération et les convenances.

Nous venons d'effleurer une question bien délicate, celle de la liberté de la presse, qui ne semble pas encore avoir été résolue ni bien élucidée, quoiqu'elle ait été longuement et ardemment débattue. Il nous paraît clair que la liberté de la presse n'est point un principe absolu et qu'elle est bonne ou mauvaise selon le degré de moralité des peuples. Dans les pays véritablement civilisés, c'est-à-dire dans les pays où les vrais principes religieux, sociaux et politiques sont assez généralement connus et expliqués pour n'être pas des sujets de dispute et de guerre, où règne le respect des ancêtres, de la tradition et de l'autorité, la liberté de la presse est innocente et même utile. Mais dans les pays où il n'y a pas de principes reconnus, pas de sens commun, où l'on ne respecte rien, où le sentiment même du respect est éteint, où l'on est assez peu civilisé pour ne pas même savoir ce que c'est que la civilisation et pour la faire consister principalement dans l'industrie et le luxe, dans de tels pays la liberté complète de la presse est impossible, à moins que l'on ne veuille tout bouleverser.

Nous laissons donc au Gouvernement, au Sénat et au Corps Législatif le soin de décider cette question d'opportunité et nous nous contentons de réclamer une réforme qui ne se pose en conflit avec aucune loi et n'est incompatible avec aucun degré de liberté, une réforme qui, non seulement serait plus efficace pour éclairer et pacifier les esprits que la liberté de la presse telle qu'on la demande souvent, mais qui serait le seul moyen pratique de laisser aux journaux la plus grande somme de liberté que comporte l'état moral de notre époque.

LE CHARTIER de SÉDOUY.